BEI GRIN MACHT SICH IHR WISSEN BEZAHLT

AF139862

- Wir veröffentlichen Ihre Hausarbeit,
  Bachelor- und Masterarbeit

- Ihr eigenes eBook und Buch -
  weltweit in allen wichtigen Shops

- Verdienen Sie an jedem Verkauf

Jetzt bei www.GRIN.com hochladen und kostenlos publizieren

Bibliografische Information der Deutschen Nationalbibliothek:

Die Deutsche Bibliothek verzeichnet diese Publikation in der Deutschen National-bibliografie; detaillierte bibliografische Daten sind im Internet über http://dnb.d-nb.de/ abrufbar.

Impressum:

Copyright © 2011 GRIN Verlag, Open Publishing GmbH
Druck und Bindung: Books on Demand GmbH, Norderstedt Germany
ISBN: 9783668280908

Dieses Buch bei GRIN:

http://www.grin.com/de/e-book/338307/geschichte-der-antike-eine-zusammenfas-sung

Marina Swilowski

Geschichte der Antike. Eine Zusammenfassung

GRIN Verlag

Dimension der Zeit

- Epoche der Antike ca. 1200v.Chr. – 500/600n.Chr.

1200 v.Chr.	Untergang der Mykenen
8.Jh.v.Chr.	Alphabetschrift entsteht
776 v.Chr.	Beginn der Olympiaden
306 n. Chr.	Regierung Konstantin d. Großen (Legitimierung d. Christentums)
476 n. Chr.	Absetzung d. Romulus Augustus (weström. Kaiser) durch den Germanenfürsten Odoaker
565 n. Chr.	Tod des Justinian (oström. Kaiser)
711 n. Chr.	Eroberung der iberischen Halbinsel
800 n. Chr.	Krönung Karls des Großen

Binnengliederung der röm. Geschichte

- **8.-6.Jh.v.Chr. Königszeit**
  - ➢ 753v.Chr. mytholog. Gründungsjahr
- **509-367v.Chr. Frühe Republik**
  - ➢ Herrschaft einer adligen Oberschicht („Patriziat")
  - ➢ Streben der Plebeier nach Gleichberechtigung → Ständekämpfe bis 367v.Chr.
- **367-133v.Chr. Klassische/Mittlere Republik**
  - ➢ Innere Konsolidierung
  - ➢ Epoche der Expansion und Eroberung
- **133-27v.Chr. Späte Republik/Krise der Republik**
  - ➢ Interne Konflikte
  - ➢ Bürgerkriege
  - ➢ Ungebrochene Expansionen
  - ➢ 31v.Chr. Ende der Bürgerkriege (Schlacht bei Actium)
  - ➢ Ab 27v.Chr. Neuordnung des staatl. Systems (Principat des Augustus)
- **27v.Chr.-284/306n.Chr. Kaiserzeit**
- **284/306n.Chr. Beginn der Spätantike**

Dimension des Raumes

- Mittelmeer „mare nostrum" →Besitzanspruch auch auf die Küstengebiete des

Mittelmeerraumes

- Bedeutung der Randgebiet für soziale, politische und wirtschaftliche Entwicklungen
- Mediterranes Klima→Begünstigung des Ackerbaus („mediterrane trias": Getreide, Oliven, Wein)
- Fruchtbare Küstenregionen (v.a. der lange Küstenverlauf Italiens)
- Kein zusammenhängender Flächenstaat→Verbindung zu Provinzen nur über das Meer

Die Grundlagen: Quellen und Materialien

Textquellen

Textquellen von antiken Schriften zu 100% keine Originale, wurde zu 95% in mittelalterlichen Klostern erhalten durch Abschriften.

Um das Problem der Textveränderungen zu umgehen, müssen möglichst viele Versionen eines Textes herangezogen werden→ möglichst nah an das Original herankommen

Selektionskriterien für Erhalt antiker Quellen nicht eindeutig feststellbar.

Auch heute tauchen immer wieder neue Quellen auf.

Geschichtsschreibung (Historiographie)

wichtige Quellengattung

oft beziehen diese sich auf ältere, nicht mehr vorhandene Geschichtsschreiber

keine objektive Erzählung

früher waren Geschichtsschreiber auch Literaten/Künstler, wollten unterhalten und schrieben auch das auf, was die Menschen hören wollten

Fabius Pictor (ca. 269 v.Chr.)

Röm. Senator, hoher Rang

Ausführliche Vor- u. Gründungsgeschichte der Stadt Rom

Ziel: neue Geschichte Roms und seines milit. Aufstiegs

Adressaten: Griechen→ Korrektur des griech. Römerbildes (→griech. Sprache)

Marcus Porcius Cato d. Ältere (ca. 234-149 v.Chr.)

"Ordines", Ursprünge, erstes Werk in lat. Sprache

Von der Frühzeit bis zu seinem Sterbejahr

Einbau von Reden in seine Darstellung

Polybios (200 - 120 v.Chr.)

Sklave, untergebracht bei adeligen Schichten – direkter Kontakt/Erfahrung

Position als Hauslehrer in Rom

Faszination von Rom: schrieb Geschichte der röm. Weltherrschaft in griech. Sprache

will Griechen erklären, warum Römer so erfolgreich

Darstellung des pol. Systems (Mischverfassung aus Aristokratie, Monarchie und Demokratie)

Titus Livius (59 v.Chr. - 17 n. Chr.)

fasst ältere Berichte zu einem Bericht über die bis dahin 700 Jahre röm. Geschichte zusammen

Zeitgenosse des Augustus

Vorwurf: keine kritische Auseinandersetzung mit seinen Quellen

Geschichtsbewusstsein der Römer im Vordergrund (mentalitätsgeschichtliche Quelle)

Sallust (86 v.Chr. - 34/35 n. Chr.)

enger Vertrauter von Caesar, entstammte der Führungsschicht

Rückzug aus Politik nach Mord an Caesar

Kein Gesamtbericht oder Annalistik, sondern Monographien über Einzelfälle (Krieg gegen Iugurtha u. Verschwörung des Catilina)

Thema: Dekadenz, Moral, Niedergang – Kritik an der senatorischen Führungsschicht

Cornelius Tacitus (58 - 120 n. Chr.)

Redner, Senator u. Provinzstatthalter

Kritisiert Verlust der alten republikanischen Freiheit seit dem Principat

Schildert Willkürherrschaft von Tiberius bis Nero

Biographien

Sueton (70- 130/140 n. Chr.)

Kaiserbiographien: Leben aller 12 Kaiser von Caesar bis Domitian

Eingebettete Kapitel des alltägl. Lebens der Kaiser (Klatsch u. Tratsch)

Plutarch (45- 120 n. Chr.)

Griechischer Adeliger, enger Kontakt zu röm. Aristokratie

bezieht sich auf ältere, bereits verlorengegangene Quellen

Beschreibt persönliches/privates Leben berühmter Griechen und Römer, teilweise Vergleich dieser

Sah sich selbst nicht als Historiker „Schreibe keine Geschichte, sondern zeichne Lebensbilder"

Reden

unmittelbare Berichte über Konflikte, werden vor versammelter Bürgerschaft gehalten (öffentl. Gerichtsprozesse auf dem Forum Romanum), wenig aufgeschrieben

Briefesammlungen

Cicero (106- 43 v. Chr.)

Politiker (Konsul 63), Anwalt/Redner/Philosoph

Veröffentlichte seine Reden leicht bearbeitet (auch nicht gehaltene wie z.b. Verres)

Wurden von jüngeren Römern zur Schulung der Rhetorik gelesen

Überliefert sind ca. 1000 Briefe, schrieb teilweise mehrere Briefe an einem Tag an selbe Person

Inhalt: Politik, Freundschaft, Intrigen, Verhalten in der Nobilität, Alltagsprobleme (Finanzen, Umgang mit Sklaven,…)

C. Plinius Secundus „Der Jüngere" (61/62- 113/115 n. Chr.)

Adoptivsohn von Plinius dem Älteren

Politische Bilderbuchkarriere

Präsentiert in Briefen positives Selbstbild

247 erhaltene Briefe

Briefe an Kaiser Trajan (Baupolitik, Umgang mit Christen, etc.)→Antworten von Trajan

Nachträglicher Bericht über Ausbruch des Vesuvs, sehr präzise

Fachliteratur

<u>C. Plinius „der Ältere" (23- 79 n. Chr.)</u>

Onkel des jüngeren Plinius

Schaffte naturwissenschaftliche Enzyklopädie→umfangreiche Studien über Fauna, Flora, Geographie, aber auch über Malerei (stellt damit einzige Quelle in diesem Bereich dar) u. Bildhauerei

<u>Marcus Porcius Cato, Lucius Varro u. Columella</u>

Traktate über Landwirtschaft (Ackerbau, Viehzucht,…)

Hilfswissenschaften

Inschriften (Epigraphik)

- auf Bronze u. Stein

- ca. 300.000 lateinische Inschriften, davon nur 2% aus der Zeit der Republik

- ca. die Hälfte der Inschriften aus den Provienzen

- Informationen aus Inschriften Ergänzung zu anderen Quellen

- Inschriften überall: Namensabdrücke auf Vasen, Meilensteine, Weihinschriften, Bauinschriften,

   Militärdiplome, Statuensockel, Grabinschriften (auch auf Grabbeilagen)

- Oft in Majuskeln (Großbuchstaben), Ligatur (Buchstaben zusammengeschrieben)

- Datierung einer Inschrift teils durch Schriftbild, Buchstabenform

Papyrus (Papyrologie)

- hergestellt aus Stängel der Papyruspflanze am Nil, Nutzen von beiden Seiten (teures Material)

- wichtige Quelle, da darauf Originale verfasst wurden

- Erhalt nur in Ägypten (u. Herculaneum, Pompeji) → klimatische Bedingungen

- Papyrusquellen enthalten z.B.: Gedichte, Gerichtsurteile, Arbeitsverträge, Marktpreise,

   Volkszählungen,…

Münzen (Numismatik)

- Primärquelle, sind ikonographisch und wirtschaftswissenschaftlich zu deuten

- Druck deutete auf Präger hin, der auch für den Wert und Reinheit bürgte

- am Besten erhaltene Quellengattung
- Römische Prägungen wechseln ständig und sind teilweise mit Kaiserlegende versehen
- hatten zeitgenössischen Kommunikationscharakter: zeigen innen- und außenpolitische
  Ereignisse (Krönung eines Königs), Jubiläen und Feste
- Fundort der Münze kann Handelsbeziehungen aufzeigen
- Legenden der Münzen zeigen Veränderungen in der Schrift

Gründungsmythen und Königszeit

Gründung Roms und frühe Geschichte
Gründungsmythos:
- auf Trojaner zurückzuführen→ Nach Zerstörung Trojas Flucht nach Italien
- Aeneas (Sohn der Venus) als Urvater
- Rom aber erst sehr lange nach der Zerstörung Trojas entstanden→ Verbindung musste
hergestellt
  werden (bis zum Jahr 509v.Chr. Weihung des Iupiter-Tempels auf dem Capitol)
- sagenhafte Erzählungen über die Herrscher der Stadt Alba Longa (Nachfahren von Aeneas),
  Romulus u. Remus (Söhne von Mars und Rhea Silvia, der Tocher des Königs von Alba
Longa),
  Gründung Roms durch Romulus 753, sieben Könige Roms (Unstimmigkeiten→ 7 Könige zu
wenig für 240 Jahre, Zahl 7 bevorzugt für Kataloge benutzt)

Die frühe Römische Republik

(- geographisch u. geologisch gute Voraussetzungen)
- archäologische Grabungen weisen auf urbane Strukturen im 6.Jh.v.Chr. hin
- Tal nördl. des Palatin trockengelegt u. teilweise gepflastert
- Platz unterhalb des Capitols wahrscheinlich als Versammlungsort genutzt (pol. Zentrum)
- Forum Boarium als Handelsplatz (dort zwei Tempel), Hafen am Tiber
- auf Capitol 509v.Chr. Iupiter Optimus Maximus Tempel geweiht(→ Zusammenhang mit
  Vertreibung des Königs Tarquinius→ Tyrannei, Vergewaltigung Lucretias)
- Selbstdefinition der Republik: Abwesenheit des Königs („rex" negatives Wort)

Zwölftafelgesetze

- Gesetzessammlung um 450 v. Chr. auf 12 hölzernen Tafeln
- Resultierten aus Konflikt der Patrizier und Plebejer (Plebs wollte nicht länger der Willkür
  einiger Aristokraten ausgeliefert sein
- Stellen Fixierung altrömischer Grundsätze dar, galten aber nur für Menschen mit röm. Bürgerrecht
- enthielten u.a. Regelungen bezüglich: Prozessrecht, Schuldrecht, Erbrecht, Kauf- u. Eigentumsrecht, Landnutzung, versch. Straftaten, Beziehung zw. Patron u. Klient, zentrale
  Bedeutung der Familie, klare Gliederung der röm. (dabei nahmen die Regelungen von Zivilprozessen den breitesten Raum ein)
- es fehlten Definitionen, beschrieben wurden nur Beispielfälle
- 387 v. Chr. zerstört, d.h. keine eindeutige Rekonstruktion möglich (Infos aus Textquellen)
- Kontakte nach außen: Städte in Etrurien (Veji→ Kontrolle des Tiber, reiche Stadt; Caere→ zwei
  Seehäfen, Herrscherin im Mittelmeer)
- spätes 6.Jh/frühes 5.Jh.v.Chr. Zeit großer Umwälzungen (zahllose Kriege unter den Städten)
- Zusammenschluss von Rom u. Latium
- „Latinerbund" (Friedensvertrag, gegenseitige Hilfeleistungen u. Aufteilung der Beute zu gleichen
  Teilen)→ effektiv: neue Siedlungen (colonia) auf eroberten Gebieten (Anerkennung als latinische
  Städte; röm. Siedlungen am Meer)
- Beginn 4.Jh.v.Chr.: Krieg gegen Veji (fruchtbares Gebiet), Sieg der Römer,Vergrößerung d. röm.
  Territoriums→ Wendepunkt der Geschichte Roms→ Vormachtstellung in Mittelitalien (Entschärfung des soz. Problems der Besitzlosigkeit)
- 387 od. 390v.Chr.: Galliersturm→ Niederlage der Römer in der Schlachte an der Allia (traumatisches Ereignis)
- Reaktion auf Galliereinfall→ Bau der servianischen Mauer (11km lang)
- röm. Selbstbild: treue Verteidigung d. Bündnispartner (eingeschränktes Bürgerrecht für Bündnispartner u. ehem. Feinde)

- pol. Neuordnung von Latium nach dem Latinerkrieg (340-338c.Chr.)→ Latinerbund aufgelöst, einige Städte bekamen das röm. Bürgerrecht
- Samnitenkrieg (326-304v.Chr.) (es ging um die Hegemonie über Italien)→ schwere Niederlagen Roms→ Friedensschluss mit den Etruskern→ Sieg über Samnium (Frieden von 304)→ Ergebnis: Festigung der Beziehungen zu den Städten Campaniens

Innenpolitische Entwicklung bis zur Lex Hortensia „Ständekampf" (zw. Patriziern u. Plebs)

- zw. 367/66 u. 287v.Chr.: wichtige Gesetze→pol. System verändert, soz. Probleme entschärft
- Lex Licinia Sextia (367/66) → Tendenz zur Einbeziehung plebejischer Schichten in die Politik
  (Öffnung des Consulats für Plebejer, Zensuswahlrecht)→dennoch keine Chancengleichheit
- neue pol. Elite: Nobilität (alte Patrizier, reiche Plebejer)
- Lex Ogulnia (300v.Chr.)→ Aufnahme der Plebejer in die großen Priesterkollegien (pontifices u.
  augures) (→Deuten von Vorzeichen, Überwachen religiöser Vorschriften)→ Abschluss der Öffnung des pol. Systems für Plebejer
- Lex Publilia (339v.Chr.)→Einschränkung des Senatsrechts, gegen Beschlüsse der Volksversammlung Einspruch zu erheben
- Lex Hortensia (287v.Chr.)→ Beschluss einer Volksversammlung der Plebs einem Gesetz Gleichgestellt (Volkstribunen→entscheidender Einfluss auf Gesetzgebung)
- wichtige Thematik der Gesetze: soz. Probleme der röm. Bürger

Außenpolitik (Kriege)

- Konflikte mit Karthago (Groß- u. Seemacht)
- 1.Pun. Krieg (254-241v.Chr.) (v.a. auf Sizilien geführt):
  - Römer bauten Kriegsflotten, entwickelten Strategie des Seekrieges (Schiffe des Gegners entern)
  - 260: erster Erfolg über karthagische Flotte
  - Ziel d. Römer zunächst: Karthager vom Osten Siziliens fernhalten, später: ganz von der Insel
    Vertreiben
  - 241: erneuter Sieg in riesiger Seeschlacht
  - Ergebnis: hohe Zahlungen d. Karthager an Rom, Herrschaft über Sizilien, Sardinien u.

Korsika

- 2.Pun. Krieg (218-201v.Chr.)

  - nach Eroberung der karthagisch-spanischen Gebiete→Sieg des Scipio Africanus gegen Hannibal

- Konflikte der Römer mit hellenistischen Ostmächten

  - 1.Makedonischer Krieg (215-205v.Chr.) (Nebenkriegsschauplatz): Krieg gegen Makedonenkönig

    Philipp (Verbündeter Hannibals); Ziel: nachhaltige Schwächung/Verhinderung von anderen

    Großmächten (keine beabsichtigte Gebietserweiterung), Unterstützung kleinerer Mächte

- 2.Makedonischer Krieg (200-197v.Chr.)→ Sieg des Flaminius über das makedonische Heer

  - Aufteilung Makedoniens in vier küstliche Republiken (Unruhen dort)

  - Plünderung u. Zerstörung Korinths (146)

-3.Pun.Krieg (149-146v.Chr.)

  - Zerstörung Karthagos (146)

  - Versklavung der Bevölkerung

  - Einrichtung der Provinz Africa

- Einrichtung vieler neuer Provinzen in den nächsten Jahren

- Rom= unumstrittene Übermacht der Mittelmeerwelcht, „Weltmacht"

Institutionen und Verfahren

Innenpolitische Entwicklungen (Rückwirkungen der Expansion auf Politik der Republik)

- 3 grundlegende Institutionen : Rat (senatus), Volksversammlung (comitia), Ämter (magistratus)
- Eigendefinition der Nobilität: politische Gruppe
- Entwicklung eines Staatsethos: Reichtum als Resultat von Politik u. Krieg
- Ausführung der Spitzenämter→ Aufnahme in die Nobilität

Verwaltungsstrukturen

- öffentl. Bewerbung bei dem wahlleitenden Magistrat um das jeweilige Amt (Liste mit
  Kandidatennamen auf Forum)
- illegale Wahlwerbung (terminus ambitus)→ambitus-Gesetze (Verbot von Goldverteilungen
u.

Volksspeisungen, Gladiatorenkämpfen,...)

- Wahl der Ämter in 3 versch. Volksversammlungen*:
  - comitia tributa (Wahl d. Quästoren u. Ädilen auf dem Marsfeld), 35 Bezirke (tribus)
  - comitia centuriata (Wahl d. Prätoren u. Konsuln)
  - concilia plebis (Volksversammlung: Wahl u. Gesetzgebung)

Senat

- Frühzeit: Oberhäupter der patrizischen Familien
- seit Mitte des 4.Jh.v.Chr. auch Angehörige nichtpatrizischer Familien
- insges. homogene Führungsschicht
- Senatsliste von den Censoren aufgestellt
- Voraussetzung: Nachweis eines größeren Vermögens (i.d.R. Landbesitz)
- nobilitas: Patrizier und reiche Plebejer, deren Vorfahren den cursus honorum absolvierten
- deutliche Rangunterschiede unter den Senatoren (kleine Gruppe war Consul gewesen (gehörte
  somit zur nobilitas→höchstes Ansehen)
- auch Bürger, die nicht der Nobilität angehörten, konnten über die Wahl zu den unteren Ämtern in
  den Senat gelangen
- Funktionen:
  - Beschlüsse zu allen wichtigen milit. u. pol. Fragen
  - wies den Consuln u. Prätoren die Amtsbereiche zu
  - Außenpolitische Verhandlungen (Bündnisse, Krieg od. Frieden)
  - Kriegsstrategien, Aufstellung von Legionen, Bau von Flotten
  - öffentl. Finanzen, verfügte über Einnahmen u. entschied über Ausgaben
  - setzte (auch für Provinzen) Zölle u. Steuern fest
- war in vielen Fällen auf Kooperation mit Amtsträgern u. Volk angewiesen
- Senatsbeschlüsse hatten keine Gesetzeskraft (musste der Volksversammlung vorgelegt werden)
- Mitglieder auf Lebenszeit (zunächst 300, später 600)

Volksversammlung

- wählte Magistrate, stimmte über Gesetzesanträge ab
- in der klassischen Republik versch. Volksversammlungen mit untersch. Strukturen

1. Centuriatcomitien (ursprüngl. Versammlung)
 - wehrfähige Bürger, Ordnung folgte milit. Gesichtspunkten (Bürger in Vermögensklassen
   eingeteilt, je nach Bewaffnung sinkende centuriae→Hundertschaften)
   - Centuriae: Ritter (18), 1.Klasse (80), 2. Kl. (20), 3.Kl. (20), 4. Kl. (20), 5. Kl. (30), Bürger
(5)
 - centuriae bestanden aus iuniores (jüngere Männer, die aktiv am Kampf teilnahmen) und
seniores
   (ältere Bürger, die die Stadt zu schützen hatten)
 - bis Ende d. Republik: Wahl der höheren Magistrate (Prätoren u. Consuln)
 - Lex Hortensia (287) stellte Beschlüsse d. Volksversammlungen (consilia plebis) den
Gesetzen
   der Centuriatcomitien gleich
2. concilia plebis
 - Plebeier: heterogene Gruppe (arm u. reich)
  - Druckmittel: ihre milit. Macht wurde gebraucht
  - erschufen u. wählten Volkstribune
 - nicht nach Vermögensklassen, sondern nach Stimmbezirken, tribus, geordnet
 - seit der lex Hortensia (287) wurden Gesetze fast ausnahmslos den consilia plebis zur
   Abstimmung vorgelegt
 - Patrizier waren in den Versammlungen rechtlich ausgeschlossen
 - jeder Bürger gleiches Stimmrecht (Landstadtbewohner kamen selten zu Versammlungen,
daher
   kleine Gruppe)
 - einberufen u. geleitet von den Volkstribunen (die nicht zu den Magistraten gehörten,
sondern als
   Sonderbeauftragte der Plebs anzusehen waren)
 - urspr. Aufgabe d. Volkstribunen: Plebeier gegen Willkürakte patrizischer Magistrate zu
schützen
   (für unverletzlich erklärt), hatten Vetorecht gegen Senatsbeschlüsse, Amtszeit 1 Jahr
 - prinzipiell möglich, Gesetze gegen den Willen des Senats in Volksversammlung
   durchzusetzen→Konkurrenz
3. comitia populi tributa
 - Patrizier u. Plebejer
 - verteilt auf 35 tribus (4 städtische u. 31 ländliche tribus)

- wählten Quästoren u. Ädile

Magistrate

CURSUS HONORUM (Ämterwesen)

<u>Grundlagen</u>

- Ehrenämter→Investitionen aus Privatvermögen (wohlhabende Bürger)
- lex Villia annalis (180v.Chr.) legte das Mindestalter für die einzelnen Ämter u. somit die

Ämterfolge fest

- Voraussetzung (vor Kandidatur um Quaestur: mind. 10 Jahre Kriegsdienst (→27 Jahre)
  - in später Rep. unter Sulla: mind. 3 Jahre Dienst in der Legion oder Mindestalter 30 Jahre
- Bekleidung eines Amtes war unabdingbare Voraussetzung für Kandidatur um nächst höheres
(- im 2.Pun. Krieg wurde deutlich, dass die Zahl der Magistrate nicht ausreichte (v.a. in

Krisensituationen)→ Lösung: Verlängerung der Amtszeit)

- allen Ämtern/Magistraturen waren gemein:

  1. Annuität d.h. auf ein Jahr beschränkt

  2. Kollegialität d.h. Ämter mehrfach besetzt

  3. Wiederwahl in gleiches Amt nicht möglich

  4. Ämter in bestimmter Reihenfolge zu absolvieren

  5. zwischen zwei Ämtern 2 Jahre amtsloser Zeitraum

  6. nie zwei Ämter gleichzeitig (keine Kumulation)

- Quaestur u. Aedilität= rangniedere Ämter; hatten kein Imperium; genau definierte Aufgabenbereiche

Quaestor (4x, später 20x)

- Aufgaben: Finanzverwaltung (2 quaestores urbani), Unterstützung der Consuln (regelten die mit

  der Heerführung verbundenen Finanzfragen)
- an Senatsbeschlüsse gebunden
- Einrichtung weiterer Quaestorenstellen in den Provinzen
- in comitia tributa gewählt

Aedil (4x)

- für die Stadt (urbs), die Getreideversorgung (annona) und die Spiele (ludi) zuständig
- urbs: Aufsicht über öffentl. Gebäude, Straßen u. Märkte in Rom, Reparaturarbeiten an

Wasserleitungen

- 2 plebeische A.: ursprünglich→ Beauftragte der Plebs (wie Volkstribunen) (spez. pleb. Spiele)
- 2 curulische A.: (später erst), nur Patrizier zugelassen→ höherer Rang (v.a. ludi Romani)
- in comitia tributa gewählt

Praetor (2x, später 6x)
- Gerichtsbeamte
- Aufgaben: Rechtsprechung in Rom (praetor urbanus, praetor peregrini [Verfahren zw. röm. Bürgern u. Fremden])
- Provinzpraetoren→ Statthalter in den Provinzen (keine Gerichtspraetoren), Vertreter der Staatsgewalt (→Machtfülle)

Consul (2x)
- höchstes Amt der röm. Rep. (staatl. Lenkung)
- besaßen das Imperium, die Kompetenz, im Krieg das röm. Heer zu führen (Heerführer)
- in Rom weisungsbefugt den übrigen Amtsträgern gegenüber
- konnten auf Politik des Senats Einfluss nehmen (leiteten die Senatssitzungen, erstatteten Bericht
    über pol. u. milit. Lage, führten Senatsbeschlüsse herbei, für Verwirklichung der Senatsbeschlüsse
    verantwortlich)
- Abhaltung der Consulatswahlen (wahlleitender C. konnte Wahlausgang beeinflussen)
- kein bestimmtes Aufgabenfeld (konnte in allen Bereichen der Politik tätig sein)
- charakteristisch: Verbindung von zivilen und militärischen Kompetenzen u. Aufgaben

Nicht zum cursus honorum gehörten **Dictatur u. Censur**
- nicht jedes Jahr besetzt
- Dictator: nur in äußersten milit. Notlagen od. bei Abwesenheit beider Consuln (auf Senatsbeschluss ernannt), 6 Monate Amtszeit (bestimmte währenddessen die milit. Strategie)
- Censor: alle 5 Jahre aus den Reihen der Consulare (frühere Consuln) gewählt
    - Aufgabe: Bürgerliste aufstellen, Bürger in Vermögensklassen u. Stimmbezirke eintragen, Zahl
        der Bürger feststellen, Liste der Senatoren ergänzen, Aufsicht über Besitzungen der Rep.,

Aufträge für Neubauten

- konnten Senatoren aus Senat ausschließen u. Equites das öffentl. Pferd wegnehmen
- nicht an Annuität gebunden (legten ihr Amt nieder, wenn Aufgabe erfüllt, i.d.R. 18 Monate)

<u>Wahlablauf (Consulwahl)</u>

- auf Marsfeld im Juli
- zunächst reine Infoveranstaltung
- rituelle Eröffnung (Opfer u. Gebet)
- Bürger formierten sich nach Centurien
- Abstimmung in Centurien (jeder Einzelne geht auf Holzbrücke, erhalten eine Holztafel mit Wachsüberzug, mussten diese mit den Initialen des gewünschten Kandidaten beschriften, am Ende
  der Brücke in Wahlurne)
- Ergebnisse unmittelbar öffentlich ausgezählt
- bei Stimmengleichheit: Los durch den Wahlleiter
- Wahlsieger ziehen mit purpurner Toga aufs Capitol
- offizieller Amtsantritt am 1. Januar

Die Krise der Republik

Allgemein:

- nach 133v.Chr. politische Konflikte gewaltsam, nach 88v.Chr. auch mit milit. Mitteln ausgetragen
- Bürgerkriege seit 49v.Chr. mit Caesars Überschreitung des Rubicon, erst mit Augustus beendet

Tiberius Sempronius Gracchus

- Volkstribun (Sohn eines Consulars)
- entwickelte ein Agrargesetz→ Ackerland (des ager publicus) nur bestimmte Größe, der Rest wird
  an besitzlose Bürger verteilt (→gegen Interessen der Großgrundbesitzer)
- ohne Senatsbeschluss wurden Teile an Kleinbauern verteilt, daraufhin gab ein Volkstribun (Marcus
  Octavius) ein Veto zu diesem Entschluss (wurde deswegen abgesetzt)

- T. Graccus wurde vom Senat bei einer Wahlversammlung umgebracht (wollte erneut Volkstribun

  werden)

Gaius Sempronius Gracchus
- Bruder von Tiberius
- 123/22v.Chr. Volkstribun
- brachte Gesetz durch, dass nur vom Volk eingesetzte Gerichtshöfe einen röm. Bürger zum Tode

  verurteilen dürfen
- Übertragung der Rechtsprechung vom Senat auf die Equites (→übten keine pol. Funktion aus,

  konnten daher unabhängig von Politik urteilen)
- Getreidegesetz, lex frumentaria: Getreide zu niedrigem Preis an Bürger verteilt
- wurde wiedergewählt (daher 2 Jahre Volkstribun)
- versuchte Rechtsstellung der italischen socii gegenüber Rom zu verbessern (u. einem Teil das röm.

  Bürgerrecht zu gewähren)
- Ansiedlung der Kleinbauern in den Kolonien (v.a. Nordafrika: ehem. Karthago)
- Gegner versuchten die Aufhebung der gracchischen Gesetze
- → Blutbad, Gaius getötet

Popularen und Optimaten

Popularen→ Senatoren, die in der Tradition der gracchischen Politik standen, Agrar- u. Frumentargesetze befürworteten, mit der Volksversammlung gegen den Senat agierten

Optimaten→ Anhänger des Bestehenden, verteidigten den politischen Vorrang des Senats, lehnten soziale Maßnahmen aus finanziellen Gründen ab

Gaius Marius
- 107v.Chr. Consul (strebte Oberbefehl im Krieg gegen Numiderkönig Iugurtha an, Metellus aber

  schon mit Kriegsführung beauftragt)
- durch Gesetz des Volkstribunen Titus Manlius Mancinus erhielt Marius das Kommando

- Marius nahm, entgegen des Grundsatzes, Besitzlose als Soldaten auf

→Straßenschlachten zw. Optimaten u. Popularen wegen Heeresform

- beendete Krieg gegen Iugurtha 105v.Chr. erfolgreich

    - Krieg zunächst schleppend (Bestechungen von Senatoren durch Iugurtha)

- galt als überragender Feldherr seiner Zeit

- wurde gegen alle gesetzlichen Bestimmungen von 104-100 jedes Jahr zum Consul gewählt

- schlug in dieser Zeit die germanischen Stämme (Teutonen u. Kimbern)

Bundesgenossenkrieg

- Forderung der socii nach dem vollen röm. Bürgerrecht (Unterstützung in zahllosen Kriegen, aber keine Gleichberechtigung mit röm. Bürgern)

- Arroganz der röm. Würdentrager gegenüber den socii

- immer noch bestehendes Problem der Landverteilungsprogramme

- 91v.Chr. Scheitern eines neuen Bürgerrechtsgesetzes an den innerröm. Konflikten*

- 90v.Chr. machten Römer nach heftigen Kriegen den socii das Angebot, bei Waffenstillstand das

    Bürgerrecht zu gewähren

Marcus Livius Drusus*

- Optimat

- 91v.Chr. Volkstribun (unterstützt von einflussreichen Senatoren)

- Reformprogramm→ Hauptpunkt: Verleihung des röm. Bürgerrechts an die socii

- ein Teil der Senatoren aber zu keinerlei Zugeständnissen bereit

- Gegenspieler war der Consul Lucius Marcius Philippus (konnte im Senat die Aufhebung der Gesetze des Drusus durchsetzen), kurz darauf ungeklärter Mord an Drusus

- Aufstände in den östl. Gebieten nach den Bundesgenossenkriegen (König Mithridates in Kleinasien: Ermordung aller Römer in der Provinz Kleinasien→ Entsendung eines Heeres unter

    der Führung des Consuls Sulla; Marius ließ sich durch ein Gesetz des Volkstribunen Publius Sulpicius das Kommando für den Krieg übertragen

Bürgerkrieg

- innenpol. Konflikt eskalierte: Sulla marschierte mit Legionen nach Rom u. besetzte die Stadt

- Gesetze des Sulpicius aufgehoben, er selbst wurde ermordet
- Marius konnte nach Africa entkommen

Lucius Cornelius Sulla
- ging nach Osten, wo er Mithridates aus Griechenland vertrieb und Athen belagerte
- 87v.Chr. erneut Unruhen in Rom (Consul Cinna griff Pläne des Sulpicius wieder auf)
- Cinna u. Marius verbündeten sich u. eroberten gemeinsam Rom →Massaker unter führenden
  Senatoren
- 86-83 beherrschten die Popularen Rom u. Italien
- Tod des Marius 86v.Chr. (kurz nach 7. Consulatsantritt)
- Ende 83v.Chr. kehrte Sulla nach Italien zurück (hatte Provinz Asia wiederhergestellt u. mit
  Mithridates einen wenig dauerhaften Frieden geschlossen)
- Sulla eroberte in Rom in einem neuen Bürgerkrieg die Macht, ließ sich zum Dictator
  ernennen
- Gegner Sullas wurden proskribiert→ wenn gefasst, wurden sie grausam umgebracht, ihr Besitz
  wurde eingezogen
- umfassende Gesetzgebung Sullas: beseitigte Konkurrenz zw. Senat u. Volkstribunat (nahm den
  Volkstribunen die wichtigsten Kompetenzen u. untersagte ihnen die spätere Bekleidung weiterer
  Ämter)
- Praetur u. Consulat wurden zivile Ämter
- Neuordnung des Gerichtswesens→ senatorische Gerichtsbarkeit wiederhergestellt
- keine Verteilung von billigem Getreide mehr
- machtpolitische Intentionen
- Sulla zog sich nach seinem 2. Consulat aus der Politik zurück

- schwierige Zeit für röm. Rep. nach Sulla
- in Rom Getreidemangel→ Unruhen der armen Bevölkerung
- Krieg in Spanien
- im Osten wieder Krieg gegen Mithridates
- Piraterie

Gnaeus Pompeius Magnus (106- 48 v. Chr.)

- Krieg in Spanien 72v.Chr. von Pompeius erfolgreich beendet

- Spartacusaufstand (73v.Chr.): Ausbruch von 70 Sklaven aus einer Gladiatorenschule→ein Jahr

 später 70000 Sklaven→ Bedrohung für Römer, Crassus u. Pompeius Sieg über Sklaven

- bat 71v.Chr. zum Consulat zugelassen zu werden (erster Consul ohne cursus honorum)

- als Consul→ sullanische Reformen wieder rückgängig gemacht:

 - Aufhebung aller Beschränkungen des Volkstribunats

 - Aufhebung der senatorischen Gerichtsbarkeit

- erneuter Krieg gegen Mithridates (66v.Chr.)

- 63v.Chr. Selbstmord des Mithridates (nach 4 Jahren Krieg mit Pompeius)

- 62v.Chr. Rückkehr des Pompeius aus dem Osten

- forderte Bestätigung der neuen Ordnungen im Osten→Ablehnung durch Senat

- 60v.Chr. bot Caesar ihm ein pol. Bündnis an*

Gaius Iulius Caesar (100- 44 v. Chr.)

- 62v.Chr, Praetor→ Statthalter in Spanien (finanzielle Unterstützung durch Crassus)

- hoch verschuldet, da er in frühen Ämtern dekadente Spiele für Plebs veranstaltete (Beliebtheit!)4

- *tut sich mit Pompeius zusammen, um dessen Einfluss für Wahl zum Konsul zu benutzten

- 60v.Chr. Rückkehr aus Spanien→1. Triumvirat: Crassus (Geld), Pompeius (milit. Macht), Caesar

 (Politiker)

- 59v.Chr. Konsul

- Ratifizierung der Entscheidungen des Pompeius im Osten →erhält auf 5 Jahre bedeutsamen

 Oberbefehl in 3 gallischen Provinzen(Gallia Cisalpina, Gallia Transalpina, Illyricum)

- Krieg des Pompeius gegen die Parther (ab 58 Hauptkriegsschauplatz in Gallien)

- Unterwerfung ganz Galliens (commentarii de bello Gallico→ Selbstdarstellung)

- 55v.Chr. Pompeius u. Crassus ein 2. Mal Consuln

- allmähliches Auseinanderbrechen des Triumvirats (Tod des Crassus)

- 55-49v.Chr. Eskalation der Gewalt in Rom→ Volkstribun Clodius: Gesetze für kostenlose

 Getreideversorgung der Stadtbürger, Anhängerschaften in den unteren Bevölkerungsschichten

- 52v.Chr. Pompeius Consul sine collega→ Wiederherstellung der städtischen Ordnung mit Truppen

- enges Bündnis zw. früheren Optimaten und Pompeius
- Caesar war letzter bedeutender Vertreter der popularen Politik
- fordert Consulat, sobald er wieder in Rom ist (Rom will dies aber nicht, da er für Verbrechen in
  Gallien büßen soll)
- 49v.Chr. Überschreitung des Rubicon→ Bürgerkrieg (Caesar, Heer aus Gallien, Verbündete gegen
  Pompeius, Heer, Großteil des Senats)→ 48 Sieg Caesars, Pompeius floh u. wurde ermordet
- Bürgerkrieg bis 45v.Chr.
- seit 49v.Chr. Dictator, zuletzt sogar auf Lebenszeit
- Senatoren (die die alte Republik wollten) verschworen sich gegen Caesar→ Mord an Caesar am
  15. März 44v.Chr.

Augustus und der Prinzipat

Gaius Octavius
- Großneffe Caesars→ von diesem adoptiert
- hatte mit 19 Jahren die faktische Macht
- 2.Triumvirat: Octavian, Marcus Antonius u. Marcus Aemilius Lepidus
  - durch Gesetz (lex Titia, 43v.Chr.) für 5 Jahre legitimiert
  - Auftrag: res publica neu zu ordnen
  - 37v.Chr. um 5 Jahre verlängert
- Gegner Caesars wurden proskribiert
- 42v.Chr. Sieg über die Caesarmörder bei Philippi
- Entfremdung von Antonius (ging Bündnis mit ägypt. Königin Cleopatra ein; problematisch:
  Abtretung röm. Gebiete an das Ptolemäerreich)
- Krieg gegen Ägypten→ Sieg Octavians in der Schlacht bei Actium über ägypt. Flotte (31v.Chr.)
- Ägypten wurde röm- Provinz→ Getreidelieferungen stabilisierten die Versorgung Roms
- 30v.Chr. letzter Konkurrent im Kampf um Alleinherrschaft ausgeschaltet
- verwendete Beutegelder für Bauprogramm in Rom (mehr als 80 Tempel rennoviert)
- 13.Januar 27v.Chr. große Geste: gab alle Vollmachten der Triumviralzeit an Senat zurück
  - wurde im Gegenzug reich belohnt
  - Beginn des Prinzipats

- cognomen Augustus (der Erhabene)
- man übertrug ihm viele Ehren
- eigene Sicht: überragt nicht an Amtsgewalt, sondern nur an Autorität
- behielt das Amt des Consuls (bis 23v.Chr.)
- bündelte in seiner Person so viele Ämter u. Kompetenzen→faktisch: Monarch ohne Titel

Kaiserdynastien

Iulisch-Claudische Dynastie (31v.Chr.-68n.Chr.)
- alle Angehörigen führen ihre Verwandtschaft auf Augustus zurück

- Augustus (31v.Chr.-14n.Chr.)
- Tiberius (14-37)
- Caligula (37-41)
  - vom Thron gestürzt
- Claudius (41-54)
- Nero (54-68)
  - vom Thron gestürzt

Flavische Dynastie (69-96n.Chr.) (war eine milit. u. außenpol. Stabilisierung)

- Vespasian (69-79)
  - bescheiden
  - alte republikanische Tugenden wichtig
  - milit. erfolgreich
  - von 68-69 Vierkaiserjahr
- Titus (79-81)
  - Sohn des Vespasian
- Domitian (81-96)
  - zweiter Sohn des Vespasian
  - ermordet (senatorischer Widerstand)

Adoptivkaisertum (96-192) (Phase einer stabilen römischen Welt, „humanitäres" Kaisertum)
- Kaiser hatten keine Söhne→ adoptierten qualifizierte Männer

- schon von Senatoren wurden Jungen adoptiert, um den Namen der Familie weiterzuführen

- Nerva
- Trajan (98-117)
  - röm. Reich hatte unter ihm die größte Ausdehnung
- Hadrian (117-138)
  - viele Reisen u. Unternehmungen (nicht milit. Art, sondern um Präsenz zu zeigen)
  - zeigte großen Respekt vor griechischer Kultur
- Marc Aurel
- Commodus

Severer-Dynastie (193-235)

- Septimius Severus
- Elagabal
- Alexander

Soldatenkaisertum (235-285)
- rascher Kaiserwechsel→ viele Kaiser

Überblick über die Veränderungen der gesamten Kaiserzeit
Senat
- blieb bestehen
- Zusammensetzung ändert sich (von Kaiser bestimmt)
- Mindestvermögen 1Mio Sesterzen
- Zugehörigkeit zum Stand wird erblich
- cursus honorum weiterhin Grundlage (viele Ämter kommen hinzu)
- verliert mit steigender Macht des Kaisers an politischen Spielräumen
- unverzichtbar für den Kaiser
- Aufgabe v.a. Provinzverwaltung

- in der Führungsschicht finden immer mehr Leute Einlass, die nicht aus Rom kommen (erster Kaiser aus einer Provinz war Trajan (aus Spanien)

Equites (Ritterstand)

- inhomogener als Senat
- Mindestzensus 400.000 Sesterzen (dann muss der Kaiser jmd. in den Stand ernennen)
- Angehörikgeit nicht erblich
- in Provinzverwaltung von großer Bedeutung (Finanzverwalter→ Kontrolle der senatorischen
Statthalter)
  - Kaiser brauchte einen Vertrauten, der ihm nicht gefährlich werden konnte (daher nahm er keine
  Senatoren)
- konnten gelegentlich in Senatorenstand aufsteigen (bzw. ihre Söhne) (Kaiser zahlte dafür teilw.
  Zuschüsse für Mindestzensus)

Kaiserliche Armee

- stehendes Heer, v.a. an Grenzen stationiert
- Legionen aus Bürgern
- Hilfstruppen aus Nichtbürgern
- Veteranen waren am angesehensten
- Soldaten der Hilfstruppen mussten 25 Jahre milit. Dienst leisten, dann Recht auf röm.
Bürgerrecht

Bürger (sog. Unterschicht)

- wohlhabende Handwerker, aber auch verarmte Bauern
- stadtröm. Plebs→ privilegierter Teil der Unterschicht
  - wurde fast immer mit billigem Getreide versorgt
  - großzügige Geschenke aus Kaiserhaus
- Landbewohner→ wenig Privilegien

Sklaven

- in untersch. Lebensbereichen
  - Bergarbeiter od. auf landwirtsch. Betrieben→ unterste Tätigkeit
  - Eigentum der kaiserl. Familie→ oberste Tätigkeit (konnten sogar einem Senator überlegen
  sein)
- konnten freigelassen werden, dann aber dem röm. Bürger noch nicht gleichgestellt (erst

deren Söhne)

Religion und Kaiserkult

- Provinzen durften ihre Kulturen/Religionen behalten (großzügiger, toleranter Umgang)
- Kaiserkult: Opferungen u. Gebete an Kaiser (Religionen mit nur einem Gott weigerten sich)
- im Westen: Kaiserkult neu, musste sich erst etablieren
- Ausdehnung des Christentums bis 4.Jh.n.Chr. → Grund: enges soziales Netz, zahlreiche Reisen
- Rom als Garant für Frieden u. Einheit (wichtige Voraussetzung für Verbreitung d. Christentums)
- Kaiserkult→pol. Auflehnung→ Strafe
- unter Trajan toleranter Umgang mit Christen
- 3.Jh. Verschärfung der Lage der Christen wegen Krise im Reich
- Christenverfolgung unter Diocletian
- 312 Schlacht bei milvischer Brücke (kein Religionskrieg, sondern Frage der Vorherrschaft), Sieg
  Konstantins über Maxentius
- Konstantin→ Hinwendung zum Christentum